Robert de La Sizeranne

Le Cubisme
et la critique

A propos du Salon d'Automne

Robert de La Sizeranne

Le Cubisme
et la critique

A propos du Salon d'Automne

Table de Matières

Section I

Il arrive à la critique d'art une singulière aventure. J'entends la critique « moderniste » ou qui, du moins, hier encore, croyait l'être, en tout cas impressionniste et subjectiviste. Elle vient buter contre un phénomène essentiellement moderne : le phénomène du Cubisme, conjugué avec celui du Futurisme et de l'Art nègre, et devant ces pierres d'achoppement elle s'arrête, déconfite et désemparée, contrainte par ses principes à admirer, répugnant cependant à l'admiration, obligée de se renier et de revenir, par un détour, à des idées qu'elle a toujours combattues. A la vérité, ses principes n'étaient pas d'une clarté ni d'une vigueur saisissantes. Aucun écrivain ni philosophe ne les avait formulés d'un tour vif et précis qui permît de très bien les comprendre, ni de les contredire. Mais une atmosphère d'opinions, de tendances et de préjugés s'était formée peu à peu dans la Presse artistique et chez un public d'amateurs, laquelle imprégnait leurs jugements sur les œuvres et sur les hommes. On la respirait sans trop la définir, et elle intoxiquait le goût naturel d'une foule de bons esprits. Devant les œuvres d'art les plus déplaisantes et les plus bornées, où nul aspect de la nature n'était fortement rendu, ni aucun caractère humain pénétré, on se croyait obligé d'admirer, pour peu que l'artiste se targuât d'une « vision » nouvelle. Et, si l'œuvre venait à heurter violemment le goût public, l'admiration allait à l'enthousiasme. Toute indigence était tenue pour dédain de la virtuosité facile, toute obscurité pour profondeur. Moins il y avait de choses dans un tableau, plus il était honorable d'en découvrir. Le beau mérite d'éprouver de vives jouissances de couleur chez Rubens ou de pénétration psychologique chez Holbein ! Ce qui est rare et partant précieux, ce qui classe un amateur, c'est de les ressentir devant quelques hachures grosses de sous-entendus, quelques nébuleuses génératrices de mondes. La nature n'étant nullement un modèle, ni une inspiratrice, mais seulement un prétexte, un profane seul pouvait encore songer à confronter avec elle l'œuvre d'art. Pour en juger et de son degré de réalisation, c'est à la conception ou à l'intention de l'artiste qu'il la fallait associer.

Ainsi, pouvait-on parvenir à tout comprendre et à étendre indéfiniment le domaine de sa sensibilité. Quoi que se proposât l'artiste, on devait s'efforcer de s'y adapter, pourvu, toutefois, que ce fut quelque chose de nouveau et d'assez abscons pour ne pas se révéler d'abord à tous. Voilà le thème de l'art et de la critique essentiellement subjectivistes. Le critérium n'est placé ni dans l'aspect sensible des choses, ni dans l'observation des lois physiologiques de l'Art, ni même dans le sentiment moyen du public, — ce qui lui conserverait un certain degré d'objectivisme. Bien au contraire, ce consentement unanime est tenu pour une contre-indication. « L'unique grandeur de la foule, écrivait il y a longtemps, déjà, un des organisateurs du *Salon d'Automne*, c'est de ne jamais se tromper, de sorte que ses goûts forment un critérium infaillible : si elle traîne dans la boue un homme, c'est que cet homme est grand ; si elle vilipende une œuvre, c'est que cette œuvre est un chef-d'œuvre, et les pommes cuites qu'elle lance forment la plus glorieuse couronne qu'il soit possible de désirer. » Il suit, de là, non seulement que tout mouvement d'art nouveau doit être encouragé, mais que l'incompréhension du public est un sur garant de sa valeur. On voit que, si subjective qu'elle fût au début, nuageuse et changeante, la critique d'art moderniste aboutissait, pourtant, à quelques axiomes fort impératifs. Ils se peuvent résumer ainsi : l'art ne représente pas la nature, mais la conception de l'artiste ; cette conception doit toujours être acceptée quand elle est nouvelle : si elle heurte la vision commune, c'est signe qu'elle constitue un progrès et l'art de l'avenir.

Or voici que, depuis dix ans, aux *Indépendants*, puis dans les *Salons d'Automne*, sont apparues des œuvres qui présentent exactement et au paroxysme ces caractères. Ce sont celles des artistes dits les *Fauves* pour leur ardeur et leur férocité à démolir ce qui peut rester des principes de l'École ; les *Cubistes*, ainsi appelés parce qu'ils transposent toutes les formes en « volumes » d'aspect solide et géométrique ; les *Futuristes*, qui tirent leur nom d'un manifeste de M. Umberto Boccioni, dédié à la sculpture, et construisent des statues, en toutes sortes de matières mélangées, où l'on cherche à donner une idée de mille phénomènes, mais où la forme humaine ne se retrouve plus. Je ne parle pas des *totalistes*, des *primitivistes futuristes*, des *dynamistes*, des *transcendantalistes*, des *synchromistes* et d'une foule d'autres, où les initiés seuls se retrouvent, à moins toutefois qu'ils ne s'y retrouvent pas, ni enfin, des *Dadaïstes*, dont les facéties pour être plus énormes que les autres, ne différaient guère en nature et comme aspect des synthèses de l'art « transcendantal. »

En même temps, quelques amateurs étant entrés dans les musées d'ethnographie et d'anthropologie, découvraient l'Art nègre et proposaient à notre admiration des fétiches des Papous ou des idoles du Bobo-Dioulasso. L'influence de ces maîtres méconnus s'est fait sentir aussi dans la sculpture « avancée. » Aujourd'hui, le mouvement « cubiste » est plutôt en décroissance, mais le *Salon d'Automne* montre encore et les amateurs sont encore invités à considérer comme des tableaux, des *puzzles* colorés contenus dans des cadres et comme de la sculpture, des magmas de plâtre qui n'offrent aucun sens perceptible à l'imagination.

Là-dessus, la Critique, dans son ensemble, s'indigne. Elle se demande si les Futuristes ne se moquent point et si l'on ne se trouve pas en présence d'une gigantesque mystification. Elle rappelle l'histoire du douanier Rousseau, cet ancien employé de l'Octroi, qui sur le tard se mit à faire le portrait de ses voisins à la manière d'un colorieur de photographies et qu'un pince-sans-rire sacra grand homme, de la famille des Primitifs. Elle renvoie les jeunes artistes dans les musées, leur conseille d'étudier les maîtres, comme on le conseille à l'Ecole des Beaux-Arts. On recommence à prononcer les mots de « tradition, » de « beau, » et même, — en croyons-nous nos oreilles ? — de « sujet » dans l'Art. Pour tout dire, et à l'exception de quelques jeunes amis des cubistes, les impressionnistes d'autrefois traitent le Cubisme, comme l'ancienne critique traitait l'impressionnisme des Claude Monet, et auparavant, le réalisme de Courbet. Où en prennent-ils le droit ? C'est ce qu'il serait difficile de dire, quand le seul subjectivisme est invoqué pour légitimer l'enthousiasme ou l'exécration. Et c'est ce que je voudrais examiner, bien plus que les manifestations du *Salon des Jeunes*, et du *Salon d'Automne*. Celles-ci sont sous les yeux du public. Son sentiment est unanime et il s'exprime sans ménagement. Tantôt, c'est de la gaieté la plus franche, tantôt, c'est de la colère : ce n'est jamais une adhésion ou un émerveillement. Il n'est donc nullement utile de montrer les tares des écoles nouvelles. Elles éclatent à tous les yeux. La critique d'une œuvre d'art est nécessaire et légitime, lorsque l'auteur satisfaisant certains goûts du public, et point les meilleurs, l'entraîne à admirer quelque chose qui en est indigne. Alors, le critique peut demander à ce public de réfléchir sur son impression, de la confronter avec de plus profondes et de plus durables, d'éprouver si c'est bien à ses plus fortes et plus fines facultés d'enthousiasme qu'une œuvre fait appel, ou si c'est à des tendances purement intellectuelles ou vulgairement somptuaires, qui peuvent se satisfaire sans le moindre secours de l'art. Il peut aussi et il doit, si l'œuvre représente ou interprète un coin de nature, la confronter avec la nature même, sinon pour en exiger l'imitation, du moins pour en démêler quelque caractère. Mais dans une œuvre « cubiste, » il n'y a rien de semblable. L'auteur ne cherche nullement à tromper le public sur la qualité de son plaisir : il ne lui donne pas de plaisir. Il ne vise pas à exploiter son goût pour un aspect quelconque de la nature : il ne reproduit pas des aspects de la nature. L'objet mis sous les yeux du spectateur est tellement éloigné de toutes les apparences sensibles offertes à la vue par la vie que le public, non averti, n'y reconnaîtrait même pas, le plus souvent, un tableau ou une œuvre d'art. C'est donc seulement les raisons initiales du phénomène et son retentissement dans les esprits qui peuvent être discutés

Or, ces écoles nouvelles ou groupes divers qui se disputent, un instant, l'attention des jeunes gens et qui s'excommunient mutuellement procèdent tous d'un même désir initial : échapper aux redites de la virtuosité de l'Ecole et découvrir dans la peinture des mondes ou tout au moins des modes nouveaux. Ils sont toujours dominés par une même répulsion ou phobie : celle des termes exacts introduits par la science dans la reproduction des images visuelles. Le premier désir, logiquement, d'étape ou étape, devait les entraîner jusqu'à la gaucherie, s'il le faut, pour rendre, sans aucune adresse apprise et banale, leurs sensations d'art. Et, à mesure que les moyens mécaniques de révéler les aspects de la Nature s'étendent aux plus rares et aux plus fugitifs, l'horreur des réalisations faciles les entraîne vers une interprétation de plus en plus arbitraire des phénomènes naturels. Après cela, peu importe que les uns cherchent surtout à exprimer la masse, la densité des choses, ou les autres leur construction interne, ou d'autres encore leurs apparences successives dans un rapide coup d'œil Ce qui les détermine, au fond, à toutes ces recherches, ce n'est pas un enthousiasme nouveau pour un aspect de la nature : c'est une négation et une protestation contre des effets trop faciles obtenus par des recettes trop anciennes et ne donnant que des impressions trop ressenties.

Les révolutions esthétiques d'hier n'avaient pas d'autre cause. Aussi est-il bien malaisé de nier la légitimité de ces dernières, quand on approuva celles qui les ont précédées. Il est vrai que les résultats, ou les œuvres, peuvent être dissemblables. Mais d'après quoi en jugera-t-on, en l'absence de toute loi et de tout terme formel de comparaison ? Si l'on proteste contre un découpage des cubistes, « Je vois comme cela ! » peuvent-ils dire, et si on le conteste, « Qu'en savez-vous ? » peuvent-ils répondre triomphalement. Et surtout, quand ils disent : « Je *conçois* comme cela, » qui peut s'inscrire en faux ? Vous avez peine à vous assimiler leur conception ? tant mieux, c'est qu'elle est très personnelle ! Vous n'y parvenez pas du tout ? Excellent, c'est le comble de la personnalité. Et comme, d'après les principes de toute esthétique moderne, l'artiste doit recréer à son usage la nature, et lui imposer une vision personnelle, il s'ensuit que moins nous la partagerons, plus nous devrons l'admirer.

Qu'objecter contre la redistribution arbitraire des traits d'une figure, le nez placé au-dessus des yeux, les oreilles sous la bouche, si tant est qu'on en aperçoive encore, au milieu des losanges et des tourbillons ? N'est-il pas entendu, depuis longtemps, que le dessin est une « convention ? » Vous voulez des yeux à leur place habituelle, et la bouche au-dessus du menton ? Allez faire faire votre photographie !

Vous ne méritez que cela… Le public s'exaspère-t-il de semblables libertés prises avec la figure humaine ? A merveille ! C'est l'aventure arrivée au *Balzac*. « Ce sont des cris indécents, écrivait Mirbeau, des colères folles, des rires insultants. Jamais statue ne vit autour de son piédestal de plus laides figures tordues par de plus hideuses grimaces. Chacun va jeter un peu de sa bave, un peu de sa boue sur ce monument le plus impeccable peut-être que Rodin ait créé… » Voilà qui venge de tous les sarcasmes populaires les œuvres de M. Picabia, de M. Picasso ou de M. Archipenko.

Craindrez-vous, au surplus, que le cubisme soit la négation de tous les maîtres anciens des grandes époques de l'Art, que si les *Fauves* ont raison, Raphaël et Léonard de Vinci, Vélasquez et Titien n'y n'aient jamais rien compris… Détrompez-vous ! Nul n'est plus respectueux des dieux anciens que ces anarchistes. Ils les revendiquent parmi leurs ancêtres, ils se vantent d'être leurs fils légitimes. Tel, d'ailleurs, Degas, admirateur d'Ingres, entendait bien tenir de lui son dessin. Oh ! l'on a fait du chemin depuis Courbet et la tactique auprès du bourgeois est autrement habile ! On dit très bien aujourd'hui à l'amateur stupéfait : Poussin, Raphaël, Chardin, Ingres, Cézanne, Seurat et le douanier Rousseau ! procédé renouvelé du scrutin de liste. On met en tête des noms qui emportent l'adhésion de tout le monde et à leur suite des noms qui, présentés tout seuls, n'emporteraient celle de personne. Dans les élections, il est vrai, on ne peut disposer du nom d'un grand homme sans son assentiment. Les morts sont plus accommodants et l'on frémit en pensant à la façon dont M. Ingres accueillerait, s'il revenait en ce monde pour en faire la connaissance, sa surprenante postérité !

Enfin, que veut-on de plus pour reconnaître dans le mouvement cubiste les vertus de ceux qui l'ont précédé ?

On nous a démontré la beauté des plus insignifiants Cézanne et des plus hurlants Renoir, comment ? En nous montrant les prix qu'ils obtiennent dans les ventes et l'importance des collections où ils sont entrés. Mais la même sorte d'argument peut être invoquée par les cubistes. Leurs œuvres, d'abord contestées, se vendent. Il y a des collections où l'on n'en voudrait pas d'autres. Des publications luxueuses les reproduisent avec un soin jaloux et grande dépense de gravure. Plus d'un faiseur de « synthèses dynamiques » peut dire : « On m'achète, — donc je suis. » Il n'est ainsi aucune des raisons alléguées en faveur des écoles modernes que les Cubistes ne puissent invoquer. Il faut donc avouer que le Cubisme, le Futurisme et même le Dadaïsme sont l'art de l'avenir ou que ces raisons ne valaient rien.

Section II

C'est qu'en effet elles ne valaient rien. Et pour peu qu'on les soumette à la méthode expérimentale, leur vanité paraît. La première, par exemple, car c'est celle qui intimide le plus l'opinion, est cet axiome : Tout mouvement nouveau en art est un progrès. Les écoles les plus assurées de l'avenir sont donc les plus avancées. D'où, la terreur où vit le « bourgeois » de ne point paraître assez avancé. « Mais qu'est-ce qu'être avancé, » sur cette piste circulaire des évolutions esthétiques, où l'on tourne depuis environ cent cinquante ans, de telle sorte que les éclaireurs d'avant-garde se trouvent tout d'un coup marcher sur les talons des pires traînards et par conséquent les suivre au lieu de les précéder ? Les opinions qu'on trouvait rétrogrades, il y a cent ans, sont précisément celles qu'on professe aujourd'hui, et il n'y a rien de plus vieillot ni de plus démodé que les théories révolutionnaires d'alors, des Guérin ou des Girodet-Trioson. Etre avancé, sous le Consulat, c'était mettre Chardin au galetas, mettre en devants de cheminée les Watteau que nous admirons et porter aux nues les pastiches gréco-romains qui nous ennuient, c'était dénoncer au public les *scènes galantes* qui sont pour nous, qui étaient pour Rodin, de délicieuses expressions de vie et de mouvement, et c'était promettre l'immortalité aux Fabre et aux Girodet... Etre avancé, chez les Fauves de ce temps-là qu'on appelait les *Barbus*, c'était taxer de *rococo* Euripide, — oui, Euripide ! — et donner comme le prototype de l'art sincère et « primitif » Ossian, — oui Ossian ! Veut-on un exemple topique ? En 1802, Mme Vigée le Brun est à Londres ; elle entend parler d'une diatribe d'un peintre anglais contre l'Ecole française, se la fait traduire et y répond de sa meilleure encre. Mépriser l'Ecole française ? Comment expliquer cela ? Ah ! sans doute c'est qu'on pense aux artistes démodés et « rococo » d'il y a trente ans : les Chardin, les La Tour, les Perronneau, les Boucher, les Greuze, les Fragonard ! Ceux-là, il est vrai qu'ils ne sont guère défendables : c'est la risée des ateliers. « Mais depuis cette époque, dit-elle, la peinture française a fait d'immenses progrès dans un genre tout contraire à celui qui l'avait fait dégénérer. » Et elle cite avec enthousiasme : Vien, David, le jeune Louis Drouais « mort à vingt-cinq ans, à Rome, alors qu'il allait peut-être sembler l'ombre de Raphaël, » Gérard, Gros, Girodet, Guérin « et tant d'autres ! » cette opinion ne lui était point particulière. Toute la jeunesse la professait. Peu à peu, les amateurs furent gagnés à l'art nouveau. Ils laissaient un tableau de Fragonard s'adjuger 7 francs en vente publique. On trouvait des Watteau chez les chaudronniers pour 10 francs. Seuls, sous la Restauration, quelques retardataires à ailes de pigeon s'obstinaient à trouver quelque mérite au faire léger et vif de Frago, aux pastels de La Tour. On s'en moquait copieusement.

Tout juste si le respect dû à la personne royale empêchait les courtisans de Louis XVIII de protester, quand ce débris du XVIIIe siècle en célébrait les maîtres. « Quelque injustes que nous parussent, parfois ses opinions sur la peinture, — dit le rédacteur de *Mémoires* fameux parus à la fin de la Restauration, — nous n'avions garde de le contrarier. Nous le laissions vanter les Doyen, les Chardin, comme les talons hauts et les paniers… » On sent, ici, la commisération de ces esprits émancipés pour le vieillard capable de méconnaître l'esthétique de Winckelmann, de proférer ce blasphème que « la peinture moderne était sèche, » que le dessin de David était « dur, » enfin de ne pas voir que l'avenir n'était plus aux scènes de famille ou aux intérieurs bourgeois, mais à la figuration des « héros, » ces héros » dont on n'a que faire, » disait-il… Trente ans plus tard, la jeune critique d'avant-garde, la critique réaliste reprenait à son compte l'opinion de Louis XVIII sur les héros de l'art académique et quelque trente ans encore après, son goût pour le « faire » de Chardin était partagé par tous.

De nos jours le même phénomène s'est reproduit à propos de M. Ingres. Les vieillards se rappellent que, dans leur jeunesse, M. Ingres était la tête de turc de toutes les cabales curieuses d'essayer leurs forces : les romantiques en pleine vigueur, les réalistes en pleine ascension, les impressionnistes au berceau. Il personnifiait l'Institut, l'Ecole, l'Académisme étroit et rageur. « Un Chinois égaré dans les ruines d'Athènes ! » disait Préault, le chef des *fauves* de ce temps-là ; et Castagnary, leur critique préféré : « Un bonhomme qui n'a jamais eu ni invention ni style, qui a dû sa célébrité à de mauvaises toiles et l'a conservée par de mauvais plafonds, qui s'est fourvoyé toute sa vie et qui aujourd'hui, à bout de moyens, fait de la peinture enfantine. » Enfin, il n'y a guère plus de trente ans, M.-F. Raffaelli écrivait encore : « Ingres, qui ne fut qu'un esprit malade des traditions dont il s'était bourré en provincial et qui ne laisse pas un morceau d'art qui soit vraiment français, inquiet et aigre de la poussée qu'il sentait gronder autour de lui, ne laisse de ses hésitations et de ses colères entêtées que le souvenir d'un homme qui aima passionnément son art et fit des portraits à la mine de plomb. » Devant cette unanimité de la jeune critique, les vieux admirateurs de *la Source* ou de *M. Bertin* étaient aussi penauds que, de nos jours, seraient ceux — s'il en reste, — qui s'aviseraient de trouver du mérite à un portrait de Cabanel ou de Bouguereau. Lorsque, tout d'un coup voici dix ans, une autre génération ayant surgi et un courant nouveau d'idées ayant soufflé, M. Ingres a ressuscité au Petit Palais sous les espèces et apparences d'un des plus grands maitres de l'art français. Et ses arrières partisans, copieusement conspués pendant quarante ans pour leur goût déplorablement académique, se sont trouvés au milieu d'une foule d'admirateurs au moins aussi enthousiastes. Et non pas seulement ses portraits, que les Castagnary ou les Raffaelli ont toujours plus ou moins tolérés, mais encore ses plus froides et plus emphatiques compositions ont été déclarées admirables par une jeunesse désormais hostile au romantisme. Bien mieux, parmi les fauves du Salon d'Automne, il en est qui affichent leur admiration pour cet ancêtre et s'honorent de suivre ses enseignements. De ce jour, il fut évident qu'en art les termes « avancé, » « rétrograde, » « peinture de l'avenir, » « peinture du passé, » sont dépourvus de toute signification.

Les critiques peuvent-ils donc s'y tromper et ignorer assez l'histoire de l'Art pour attribuer à ces vocables une vertu si singulière ? C'est peu probable, mais la routine les entraine à s'en servir, de même qu'ils s'obstinent à voir un élément de progrès dans toute apparence de désordre. En face de pauvretés ou d'extravagances impossibles à défendre, ils se retranchent dans la confiance en l'avenir. La jeunesse a toujours été excessive, disent-ils ; les révolutions fécondes ne se font pas sans des excès. On ne crée qu'en commençant par nier, et détruire. Tout vaut mieux que la stagnation et la routine de l'Ecole. Peu importe qu'il y ait des tentatives absurdes, concluent-ils, « l'Art a besoin du ferment de l'absurde. »

C'est exactement le contraire qui est vrai. A toutes les grandes époques de l'Art, les génies les plus personnels et les plus novateurs ont commencé par être fort sages et tout à fait respectueux. Leurs premières œuvres sont souvent si timides qu'on les prend parfois pour celles de leurs maîtres eux-mêmes. Toute l'histoire de la Renaissance le prouve ; celle de Watteau, de Chardin le confirme. Même dans les temps modernes, les plus hardies découvertes dans le domaine de la nature ou du sentiment ne sont nullement sorties d'excentricités, d'exagérations, ni de négations. Elles en ont été plutôt suivies. C'est à la fin de sa carrière et non à ses débuts que Turner fut excessif et, si l'on veut, absurde. Corot a été fort classique pendant toute la formation de son talent, Degas aussi. Rodin n'est devenu un peu déconcertant que passé le midi de sa vie. Bien loin que les négations violentes et les partis pris d'originalité soient nécessaires à l'élaboration d'un art nouveau, l'expérience nous montre toujours les génies destinés à renouveler le monde commençant par être des élèves appliqués. Ce sont proprement les tempéraments faibles qui se soustraient à la discipline au lieu de s'en fortifier. Si l'erreur contraire a pu se répandre, c'est par un effet de perspective qui nous cache les plus grands faits et les plus grands maîtres pendant des siècles et qui fait tenir toute l'histoire de l'Art entre *l'Enterrement à Ornans* et *l'Olympia*. Ce n'est vraiment qu'un instant dans la suite des révolutions esthétiques, et si cet instant obture aujourd'hui la vision des critiques, demain rétablira l'optique vraie, celle où l'on voit clair.

Or, quand on voit clair, qu'est-ce qu'on voit ? Ceci, avec une continuité telle et une telle universalité qu'on y trouve presque la rigueur d'une loi naturelle.

Tout l'effort des maîtres anciens a été d'ajouter, s'il se pouvait, aux progrès de leurs devanciers, mais sans rien en renier ni en laisser perdre. Pendant toute la période vivante et ascendante de l'Art, on a cherché à faire mieux qu'avant et non à faire autrement. On n'a cherché à faire autrement que le jour où l'on a désespéré de faire mieux. Et c'est seulement le jour où l'on n'a plus pensé pouvoir faire autrement en faisant bien qu'on s'est avisé de faire autrement en faisant mal, c'est-à-dire en mettant dans ce qu'on faisait moins de réalité, moins de beauté, moins de force. Car il est plus facile de se distinguer par le retranchement et la pénurie que par la générosité et l'abondance. Voilà toute l'histoire des évolutions de l'Art à partir du moment où, ne suivant plus une ligne ascensionnelle, il s'est mis à tournoyer sur lui-même, à repasser par des états intermédiaires où on l'avait déjà vu et finalement à déchoir. Toutes les théories, les gloses à prétention philosophique, ne servent qu'à masquer cette désobligeante évidence, sinon aux yeux des esprits simples, au moins à quelques raffinés, en leur faisant accroire qu'ils sortent du « commun, » lorsque c'est du « sens commun » qu'ils s'évadent, ou plus précisément du « bon sens. » Ce qui manque, d'ailleurs, à ces raffinés autant que la simplicité, c'est justement la pénétration analytique. Ils croient à des trouvailles de l'Art moderne, parce qu'ils ne voient point que ces prétendues nouveautés sont contenues dans les œuvres des anciens maîtres. Mais ceux-ci, infiniment plus riches de techniques et de puissance émotive que les modernes, ne montaient pas le moindre procédé en épingle et ne le présentaient pas, isolé de toute beauté, comme une foudroyante révélation. Ils renouvelaient l'Art par l'accumulation des richesses. Aujourd'hui, on ne le renouvelle que par le vide. Les critiques empêtrés dans leurs formules de synthèse et de suggestion hésitent à le proclamer. Mais la foule est plus simpliste et moins dupe. Quand il n'y a rien, elle voit qu'il n'y a rien, et elle le dit.

Aussi pour parer à ce coup droit, la critique moderne enseigne-t-elle cet axiome que toujours, en face d'une forme d'art nouvelle, la foule se trompe. Mais c'est à voir et la démonstration ne serait pas si facile. Quand le sâr Péladan exhibait, au *Salon* de la Rose-Croix, il y a quelque trente ans, les œuvres de ses disciples qu'il appelait « magnifiques, artistes monumentaux, dignes de fresquer la maison carrée à Nîmes et de se tenir devant Titien, » la foule hilare ne cachait pas son scepticisme à l'égard de cette renaissance de l'Art idéaliste. Et, à la vérité, elle ne se trompait pas : nulle renaissance n'en est sortie.

Lorsque, plus récemment, il y a une vingtaine d'années, les expositions regorgèrent des entreprises du *modern style*, et que les critiques d'art voulurent imposer au bourgeois récalcitrant des tables myriapodes, des fauteuils incompatibles, des crédences tentaculaires, où le « grand vermicelle belge » tourbillonnait en d'inquiétantes figures de cauchemar, la foule poussa un cri d'horreur. Elle sentit tout de suite et dénonça la conspiration des modernistes contre ses aises les plus légitimes et son goût de mesure et de beauté. Elle vit encore très juste ce jour-là. Enfin, si l'on consulte l'histoire de l'Art, depuis la *Madone* de Cimabue portée en triomphe dans les rues de Florence et la *Vierge* de Mantegna dans les rues de Mantoue, jusqu'au succès du *Sacre* de David, la liste serait longue des chefs-d'œuvre que la foule n'a pas hésité à acclamer dès leur apparition. Si elle a aussi parfois acclamé autre chose, il s'ensuit que le verdict du suffrage universel en art n'est pas un critère, mais non pas qu'il soit une contre-indication.

On a donc mauvaise grâce à récuser ce verdict, quand on donne à la critique d'art une base purement subjective. Pourtant, on le récuse, car on sent trop que le suffrage universel, consulté sur les tentatives futuristes, donnerait tout de suite raison à l'Institut. Mais alors, sur quoi se fonde la prétention qu'ont leurs auteurs de nous les imposer ? Ce n'est pas sur le sentiment, puisque devant elles on n'éprouve ni plaisir ni émotion. Ce n'est pas sur la raison, puisque les arguments invoqués, tirés des analogies avec les autres écoles, ne valent rien. Ne cherchons pas plus longtemps : c'est sur le principe d'autorité.

L'autorité de qui ? De quelques augures. Qui la tirent de quoi ? De la crédulité des collectionneurs. Ceux-ci, désorientés par les sautes de vent et les caprices de la mode, ballottés entre les écueils des goûts contraires, tremblants à l'idée de méconnaître le Dieu du lendemain, prennent le parti de toujours suivre le dernier venu. Arrivé à ce degré d'inhibition, on n'aime pas, on ne comprend pas, on croit ; et l'on croit d'autant plus qu'on se sent moins sur le terrain de l'intelligible. C'est le *Credo quia absurdum*. Le dogmatisme expulsé des domaines de la philosophie et de la science prend sa revanche dans celui de l'Art. Un jour, l'amateur illuminé accomplit l'acte de foi : il achète. Dès lors, et si restreint que soit le nombre des acheteurs d'un peintre, en comparaison des lecteurs d'un livre ou des spectateurs d'une œuvre dramatique, le succès se fonde sur quelque chose de sûr. Il suffit d'une douzaine de gens fortunés pour l'établir. L'autorité de l'augure confirmée par le chèque du riche : voilà le critère moderne substitué aux incertitudes passées. Peu importe après cela le sentiment des milliers de naïfs-, de rêveurs, ces visiteurs du dimanche, qui demandent à l'Art une vision qui les dépayse ou les réconforte, mais qui ne peuvent appuyer d'un chèque leur admiration. Cela ne « chiffre » pas. C'est le « silence à la foule ! » et le « silence aux pauvres ! » de la plus réjouissante ironie dans un temps qui se targue de démocratisme et de libre-pensée.

Et pourtant, ce critère, lui-même, ne signifie pas grand'chose. Si le prix d'un tableau était établi, comme celui d'un sac de blé ou d'une machine à coudre, par le besoin qu'en ont des millions de gens, il serait, jusqu'à un certain point, déclaratif d'une adhésion publique. Mais il n'en est rien. Il suffit que deux amateurs se disputent un objet, dont nul autre ne se soucie, pour que son prix puisse monter très haut. Quand cela se voit, cela prouve qu'un riche naïf s'est laissé persuader de sa beauté ou de son avenir : cela ne prouve pas qu'elle en ait. Les collections sont remplies de choses acquises fort cher du temps où Albert Wolff tenait le sceptre de la critique, — lequel faisait souvent un bruit de marteau de commissaire-priseur, — et ces choses ne valent plus aujourd'hui ce qu'elles ont coûté. Même les succès obtenus après de lentes réhabilitations ne durent pas toujours. L'*Angélus* de Millet, acheté à la vente Secrétan plus de 600 000 francs par M. Chauchard, ne trouverait peut-être pas aujourd'hui l'équivalent de cette somme, l'opinion s'étant beaucoup refroidie, non sur Millet, mais du moins sur l'*Angélus*. Et nul ne peut dire si les *Danseuses* de Degas, atteindraient encore dans cinquante ans, les 450 000 francs qu'on a donnés une fois pour elles.

Quant à l'autorité des élites intellectuelles, nous n'avons aucune raison, non plus de la croire infaillible. L'exemple de leurs erreurs passées est là pour nous mettre en garde. On ne rencontrera pas d'ici longtemps, sans doute, pour cautionner une œuvre d'art nouvelle, un trio pareil à celui que formaient, il y a cent ans, Musset, Lamartine et Henri Heine. Or, si nous lisons ce qu'ils ont écrit tous les trois d'un certain tableau qui est au Louvre, sans l'aller voir nous-mêmes, nous devons penser que c'est une des créations humaines les plus assurées de l'enthousiasme des générations à venir. « L'incomparable tableau des *Moissonneurs* de Léopold Robert, ce Virgile du pinceau qui a égalé le Virgile des *Géorgiques*, s'écriait Lamartine, quelle plume pourrait donner l'impression d'un tel pinceau ?... Tout est inspiration dans la conception, tout est réflexion dans l'exécution... On ne peut trouver qu'un mot pour exprimer l'impression des *Moissonneurs* : Raphaël a fait la transfiguration d'un Dieu, les *Moissonneurs* sont la transfiguration de la Terre... » Et Henri Heine : « Léopold Robert a recueilli d'abord en soi les figures que lui offrait la nature, et de même que les âmes ne perdent pas dans le feu du purgatoire leur individualité, mais seulement les souillures de la terre, avant de s'élever au séjour des heureux, ainsi ces figures ont été purifiées par les flammes brûlantes du génie de l'artiste, pour entrer radieuses dans le ciel de l'Art où règnent encore la vie éternelle et l'éternelle beauté... » Enfin Musset, sur leur pendant : les *Pêcheurs de l'Adriatique* : « Ah ! Dieu ! la main qui a fait cela, et qui a peint dans six personnages tout un peuple et tout un pays ! cette main puissante, sage, patiente, sublime, la seule capable de renouveler les arts et de ramener la vérité... Cette main qui peignait le peuple et à qui le seul instinct du génie faisait chercher la route de l'avenir là où elle est dans l'humanité... » Près de cent ans se sont écoulés, plusieurs générations ont passé devant l'œuvre de Léopold Robert. L'opinion unanime, maintes fois répétée, est que voilà une des plus plates et plus vulgaires enluminures qui déshonorent les murs du musée.

Maintenant, que dira-t-on ? Que les poètes d'autrefois se pouvaient tromper, mais que les contemporains sont infaillibles ? Que l'expérience des élites d'il y a cent ans ne vaut rien pour juger des élites dans le temps où nous sommes ? Qu'un jour, tout ce qui était possible est devenu impossible et que le don de prophétie dénié jusque là aux plus grands écrivains du XIXe siècle est descendu soudainement illuminer les nôtres ? C'est vraiment abuser de la crédulité la plus complaisante. Après des exemples si précis et si concordants d'erreurs commises par les plus grands poètes, il nous est permis de nous en fier à notre impression personnelle, sans nous inquiéter de ce qu'on excommunie ou de ce qu'on canonise dans les petits cénacles de la littérature. Quand le génie de Lamartine et de Musset et la pénétration de Henri Heine n'ont pu les garder d'une admiration intempestive pour une œuvre médiocre, il n'y a aucune raison d'attribuer cette vertu au talent de M. Guillaume Apollinaire ou d'Octave Mirbeau.

Au fond, il n'y a ni ne saurait y avoir d'autorité, qui sera toujours subjective, mais il y a pour juger d'une œuvre d'art, un critère supérieur, complexe, mais sûr : la Nature. L'art et la critique ont été désorbitées du jour où ils ont abandonné cette vérité si simple : les arts plastiques sont des arts d'imitation. Ils sont autre chose que cela, mais ils sont cela, d'abord. Il y a, pour suggérer des idées, les écritures, les hiéroglyphes, les signes conventionnels. L'Art ne suggère pas : il imite et ses procédés sont, quoi qu'on en dise, si peu conventionnels, que les peuples les plus divers n'ont nullement besoin de parler la même langue, ni d'être initiés aux mêmes signes pour reconnaître, tracés sur un mur, les formes d'un homme ou d'un animal. Une convention, qui est à ce degré universelle et que l'enfant s'assimile en ouvrant les yeux, n'est plus une convention : c'est une adaptation à un besoin physiologique. Seuls, les esthéticiens, rencognés dans leurs systèmes loin de toute expérimentation directe, peuvent l'avoir oublié.

Les maitres, eux, n'y ont pas mis tant de malice. Infiniment plus subtils que les philosophes dans leurs perceptions, ils ont eu des conceptions toutes simples. Ils ont prétendu non pas du tout s'exprimer, comme les pédants veulent nous le faire croire, mais exprimer la nature. Leur œuvre a toujours été, dans leur pensée, non pas une interprétation, mais une représentation. Tous leurs témoignages, toutes leurs disputes, toutes les anecdotes, depuis les oiseaux de Zeuxis et de Parrhasios, jusqu'à la rondache de Léonard, le prouvent. Attraper la ressemblance, donner l'illusion de la réalité, « contrefaire la nature, » tel a été, aux époques vivantes et ascendantes de l'Art, le seul but. Et, lorsqu'il s'est agi de sentiments, de passions, ils n'ont jamais prétendu exprimer les leurs, mais bien en reproduire les apparences matérialisées sur les figures qu'ils voyaient, c'est-à-dire quelque chose encore de nettement objectif.

Qu'ils y aient mis aussi du leur, qu'ils n'aient pas pu s'abstraire de leur œuvre, jusqu'à en faire une projection directe de la réalité sur leur panneau, ou leur mur, que leur tempérament soit intervenu pour leur faire sentir dans la nature plutôt tel caractère que tel autre, et par conséquent varier à l'infini ses prestiges, c'est vrai et très évident. Mais tout ceci s'est passé hors de leur volonté et presque à leur insu. Leur méthode et leur but ont été tout autres.

Représenter les choses telles qu'on les voit — c'est-à-dire telles que *tout le monde* les voit, afin que tout le monde les puisse reconnaître — voilà la règle d'or qu'ils ont suivie.

Aussi bien, quand ils ont cru devoir abandonner quelqu'une des pratiques de leurs maîtres, est-ce toujours la raison qu'ils ont invoquée. Le seul principe au nom duquel ils se soient jamais permis de contester un enseignement de l'école, c'est la confrontation avec la réalité. On ne trouve jamais chez eux cette idée de savants ou de sociologues qu'il faut adopter telle « vision » ou ressusciter telle manière, parce qu'elles sont plus conformes au génie de leur « race » ou aux aspirations du moment. Ils suivent les grands modèles du Passé, quels qu'ils soient, et la Nature, où qu'ils la trouvent. Cette Nature est fort méprisée par les esthéticiens modernes, parce qu'ils ne savent pas, y démêler ce que les artistes y ont pris, et qu'ils croient bonnement ceux-ci des inventeurs, quand ils ne sont que des copistes. Mais les maîtres ont toujours été plus humbles vis à vis d'elle et leur témoignage nombreux, concordant, formel, manifeste assez qu'ils y sont toujours retournés comme à la seule source où puiser.

Je sais en Provence, au bord d'un chemin qui suit le contour de la côte méditerranéenne, un vieux cadran solaire encore consulté par les passants, malgré les moyens qu'on a de connaître mieux l'heure aujourd'hui. Quand arrive le printemps, le doigt d'ombre tournant lentement sur le disque lumineux continue à toucher les heures anciennes, au même instant que jadis, sans souci des prescriptions, de M. Honnorat. Les passants tirent leurs montres, s'étonnent : « Ce cadran retarde ! » disent-ils. Maintenant, qui a raison du ressort spiral qui avance, ou du gnomon qui retarde ? Nul ne le sait. Il y a de la convention dans les deux. Mais le soleil, lui, montant et s'abaissant sur la montagne et sur la mer, continue à dire aux yeux exercés du berger et du pêcheur l'âge du jour. C'est à lui qu'il faut recourir pour savoir l'essentiel : — ce qu'il reste de lumière pour la pâture, pour la route et pour le travail. L'Art classique n'est pas arriéré, non plus que ce cadran solaire. L'Art futuriste n'est pas assuré de l'avenir, non plus que la montre du passant. La Nature seule pour l'artiste est un guide sûr.

ISBN : 978-1981539475